문학과지성 시인선 269

꽃 막대기와 꽃뱀과 소녀와

이윤학 시집

문학과지성사에서 펴낸 이윤학의 시집들

먼지의 집(1992)
붉은 열매를 가진 적이 있다(1995)
아픈 곳에 자꾸 손이 간다(2000)

문학과지성 시인선 269
꽃 막대기와 꽃뱀과 소녀와

초판발행 / 2003년 4월 18일
2 쇄발행 / 2005년 4월 22일

지은이 / 이윤학
펴낸이 / 채호기
펴낸곳 / (주)문학과지성사
등록번호 / 제10-918호(1993. 12. 16)

서울 마포구 서교동 395-2(121-840)
편집/ 338)7224~5 FAX 323)4180
영업/ 338)7222~3 FAX 338)7221
홈페이지/ www.moonji.com

ⓒ (주)문학과지성사, 2003. Printed in Seoul, Korea

ISBN 89-320-1403-5

* 지은이와 협의하여 인지는 생략합니다.
* 이 책의 판권은 지은이와 (주)문학과지성사에 있습니다.
  양측의 서면 동의 없는 무단 전재 및 복제를 금합니다.

* 잘못된 책은 바꾸어드립니다.

문학과지성 시인선 269

꽃 막대기와 꽃뱀과 소녀와

이윤학

2003

시인의 말

여섯 살에 이사 온 집 아래채 大廳 밖에는
오십 몇 해를 산 측백나무 네 그루가 있다.
키는 잘리고 몸통의 굵기만 키운 측백나무.
서로의 間隔을 좁히고 있다.

나는 그동안 곁에 붙어 있는 사람들 생각을
지지리도 못했다. 나는 그동안 벗어나지 못해
안달을 부렸다.

이제야 살을 비비고, 진흙 속에서 뿌리로 뒤엉킨
측백나무 생각을 조금씩 해보게 된다.

2003년 봄, 홍성 서부에서
이윤학

꽃 막대기와 꽃뱀과 소녀와

차례

▨ 시인의 말

제1부
진흙탕에 찍힌 바퀴 자국 / 9
빙어 어항 / 10
식당 / 11
장마 / 12
부리의 노래 / 13
칸나 / 14
짝사랑 / 16
떨림 / 18
크리스마스트리 / 20
하얀 민들레 / 22
노란 단무지 / 24
아침고요수목원 / 26
개나리 / 27

제2부
합심 / 31
십자가 / 32

하천 길 / 34
한 그루 소나무 / 36
순간 / 38
소가 눈 똥 / 40
대파꽃 / 42
장롱에 달린 거울 / 44
주머니 / 46
벚꽃 / 48
까치집 / 50
굼벵이 / 52

제3부
가을 단풍나무 / 55
세계 전도 보는 남자 생각 / 56
거울 보는 남자 / 58
말라가는 연못 / 59
휘어진 길 / 60
목련 / 62
넓어진 개울 / 63
자귀나무 / 64
삽 / 65
악몽 / 66
잡힌 매미 / 68
배고픔 / 69
하루 / 70

제4부
솔가리를 긁으며 / 73
아스팔트 웅덩이 / 74
찬 우물 / 75
비닐 연 / 76
꽃 막대기와 꽃뱀과 소녀와 / 77
유란이 생각 / 78
부곡저수지 / 80
터널 / 82
얼굴 / 84
봄 뒤뜰 / 86
홍시 / 87
나팔꽃 봉오리 하나가 / 88
첫눈 / 90

▨ 해설 · 휘어진 길 · 김춘식 / 91

제1부

진흙탕에 찍힌 바퀴 자국

진흙탕에 덤프트럭 바퀴 자국 선명하다.
가라앉은 진흙탕 물을 헝클어뜨린 바퀴 자국 선명하다.
바퀴 자국 위에 바퀴 자국.
어디로든 가기 위해
남이 남긴 흔적을 지워야 한다.
다시 흔적을 남겨야 한다.
물컹한 진흙탕을 짓이기고 지나간
바퀴 자국, 진흙탕을 보는 사람 뇌리에
바퀴 자국이 새겨진다.
하늘도 구름도 산 그림자도
바퀴 자국을 갖는다.
진흙탕 물이 빠져 더욱
선명한 바퀴 자국.
끈적거리는 진흙탕 바퀴 자국.
어디론가 가고 있는 바퀴 자국.

빙어 어항

한 바가지 빙어를 떠다
초고추장에 찍어 먹었다.
물은 금방 채워지고
빙어는 밀도가 줄었다.

빙어가 어지럽게 돈다.
빙어 어항이 된 뱃속
머릿속.

송두리째 건져 먹어도
속이 차지 않을
직성이 풀리지 않을
빙어 어항이 된 뱃속
머릿속.

둘씩 짝꿍을 맞춘 마침표
눈깔이 떠돌아다닌다.
단 한 번씩이라도
눈길을 고정시킬 수 없다.

식당

한 그릇 짬뽕을 시켜놓고
흰 플라스틱 컵을 들었다.
짧은 머리카락 하나가
바닥 귀퉁이에 빠져 있었다.

자세히 보니
머리카락이 아니었다.
짧은 금이었다, 때가 낀
짧은 금이었다.

물을 한 모금 마신 것뿐인데
컵에 있던 금이
내 머릿속에 옮겨와
선명해졌다.

밥을 시켜놓고
혼자 앉아 있을 때마다
컵을 확인하게 되었다.

네 부재를 확인하게 되었다.

장마

장맛비 몰아치다 만 저녁.
바람만 몰아치는 저녁.
냇물가 미루나무가 끌려갈까
덩달아 매미가 울기 시작한다.

누가 끈덕지게
오래 우나 시합한다.

떠나갈 듯 떠나갈 듯
매미 울음과
먹장구름만 떠나가는
장맛비 몰아치다 만 저녁.

냇물가 미루나무야
엄청난 코뚜레를 만들려고
생으로 휘어지는가.

냇물가 미루나무야
수천의 손을 내밀어
무엇을 까부르는가.

부리의 노래

안양종합운동장 바깥 벤치 위에는
다섯 그루 등나무가 꽈 올린 지붕이 있다.
장기를 두는 노인들의 머릿속도 꼬여
다리도 꼬여, 그 잎인 표정이 변함없다.

머리를 조아려야 전진할 수 있는가.
눈앞에 벽이 있는가, 부리로 쪼아보고
전진하는 비둘기.

장기알이 부리다, 탁, 탁,
장기판에 떨어지는 부리여
길이 있는가, 먹이가 있는가.

칸나

숭례초등학교 정문 쪽 담 밑에는
오늘도 세 그루 칸나가
그을음 없는 불을 밝히고 있다.

며칠씩 장맛비 내리고
칸나 불은 붉고 끝이 뾰족해
이 세상에서 처음 만나는
새싹으로 착각하게 만들었다.

장맛비 내리기 전에
몇 달 동안,
할머니 한 분이 앉아 있었다.
광목 잡곡 자루들
골목길에 늘어놓고 앉아 있었다.
됫박에 소복이 잡곡을 담아놓고
담에 뒷머리를 붙이고 앉아 있었다.

성큼성큼 비둘기들 다가와서
광목 잡곡 자루를 축내고 있었다.
하현달 모양 모자 차양

꾹 눌러쓴 할머니 한 분
담에 뒷머리를 붙이고 앉아 있었다.

세상 좋은 공기 혼자 다 잡숫고 있었다.
앞에 놓인 잡곡들 다 뿌려진
드넓은 들판을 바라보고 있었다.
입 벌린 채 깊은 잠 들어 있었다.

세 그루 칸나꽃이
세상에 나오기 바로
며칠 전의 일이었다.

짝사랑

둥근 소나무 도마 위에 꽂혀 있는 칼
두툼한 도마에게도 입이 있었다.
악을 쓰며 조용히 다물고 있는 입
빈틈없는 입의 힘이 칼을 물고 있었다.

생선의 배를 가르고
창자를 꺼내고 오는 칼.
목을 치고 몸을 토막 내고
꼬리를 치고,
지느러미를 다듬고 오는 칼.

그 순간마다 소나무 몸통은
날이 상하지 않도록
칼을 받아주는 것이었다.

토막 난 생선들에게
접시나 쟁반 역할을 하는 도마.
둥글게 파여 품이 되는 도마.
칼에게 모든 걸 맞추려는 도마.
나이테를 잘게 끊어버리는 도마.

일을 마친 생선가게 여자는
세제를 풀어 도마 위를
문질러 닦고 있었다.

칼은 엎어놓은 도마 위에
툭 튀어나온 배를 내놓고
차갑고 뻣뻣하게 누워 있었다.

떨림

잠자리가 느티나무 그루터기에 앉아
동그랗게 튀어나온 두 눈동자를 굴린다.
검게 그을리고 툭툭 터져 갈라진
느티나무 그루터기 동그라미 나이테.
잠자리는 원을 그리며 갈라진 나이테 속으로
내려가고 있는 것이리라.
갈 수 없는 어딘가에
아직 살아 있는 뿌리가 있는 것이리라.
다리에 돋은 자잘한 침으로
여기저기 찔러보고 있는 것이리라.
느티나무 그루터기 가장자리에 돋아난 직선
어린 가지에 달린 연초록 이파리들.
잠자리는 투명한 레이스 날개를
슬그머니 느티나무 그루터기 위에 올려놓고
이리저리 망설임의 저울질을 하고 있는 것이리라.
갸우뚱갸우뚱 고개를
이리저리 눈동자를 굴리는 잠자리.
투명한 레이스 날개가 바람에
홀딱홀딱 젖혀져
부르르 떠는 잠자리 마음이

잠깐씩 내 마음에도 이어져
떨림을 전하는 것이리라.

크리스마스트리

사랑방 새시 창을 열고
얼어붙은 닭 볏 즐비한
측백나무 속으로
담배 연기를 내보낸다.

붉은 벽돌집 양곡감리교회
첨탑을 에워싼 트리 불빛들
앞 다투어 알은체를 해댄다.

그동안 어디 갔었니? 어디 갔다
이제야 돌아왔니?

이제 와서
그녀 눈빛이 모두 불빛이 되었다.

형제철공소 절단기에서 나오는
별똥별보다도 많은
그녀 눈빛이 모두 불빛이 되었다.

플라스틱 광주리에 담아

윗목에 놔둔 누른갱이가
까맣게 타서 눌어붙었던 누른갱이가
눈에 알알이 밟힌다.

하얀 민들레

네가 어렸을 때 보았다.
양지바른 양옥 담벼락 밑에
복숭아 속처럼 쭈그리고 앉아
뜨뜻한 오줌 누던 모습.

매서운 실눈 뜨고
독화살 쏘아대던 모습.
두 다리 꽈
잔뜩 우측으로 비튼 모습.

뒹구는 고동색 대야에는
눈 녹은 물 유리처럼
꽁꽁 얼어붙어 있었다.
굴러들어온 나뭇잎 벌레
알 같은 공기 방울 들어 있었다.

체육복 바지 훌쩍 올리고,
담벼락 냉기를 향해
어깨 들먹이던 모습.
네가 오줌 눈 자리에서

양은 솥뚜껑 열린 듯
가물가물 김이 피어오르고 있었다.

네가 오줌 눈 자리에서
하얀 민들레 피어날 줄
오랫동안 까마득히 알지 못했다.

노란 단무지

옹벽 위에서 쏟아져 내린 개나리 줄기들
옹벽에 페인트칠을 한다.
보도블록 바닥으로
페인트 자국 흘러내린다.

옹벽 밑에는
일렬횡대로
종이 박스가 깔렸다.

할머니들은
머릿수건을 쓰고 앉아
나물과 밑반찬을 판다.

개나리 줄기들이 내려와
허옇게 센 머리카락 쓰다듬는다.
염색물을 들이기 위해
길고 가는 붓질을 한다.

노랗게 물든 단무지들
플라스틱 대야에 담겼다.

쳐다보는 사람 머릿속에
아득히 색소 물을 들인다.

옹벽에 기대 잠든 할머니
둥글게 입을 오므렸다.
단무지 한 조각 집어삼켰다.
쩝쩝 입맛을 다신다.

아침고요수목원

언젠가는 슬쩍 갈 수도 있겠지요.
진창으로 폭우가 들이치는 날 길에 물이 흐르는 날
길이 뒤집히고 파이고 동강 나는 날
아침고요수목원에 가는 날 있겠지요.

계곡 가득 메우고 하염없이 쏟아지는 물 더미
물굽이 물의 험한 주름살 보고 올 날 있겠지요.

민박집 평상 조잡한 꽃무늬 장판 위에 앉아
삼겹살 굽고 모기향 피우고
젖은 담배 말려 피울 날 있겠지요.

온몸에 소름이 돋고 딸꾹질이 멈추지 않고
맑은 소주잔 들이켜면
언젠가 비가 그칠 날 있겠지요.
물이 줄어들 날 있겠지요.

내 가슴 잃어버린 맑은 음 찾아 들을 날 있겠지요.
맑은 음 전신을 전율시킬 날 있겠지요.

개나리

담장 높이 피어난 개나리
거기 담이 있음을
새삼 확인시켜준다.

너의 얼굴은 보이지 않고
너의 옷이
너와 만난 그 시절의
오후 시간의 끝없는 길이
눈앞에 펼쳐진다.

눈을 감아라.
뒤돌아서라.

노란 머릿속 물이
빠져나갈 때까지
뛰어가라.

제2부

합심

붉은 테이프 끈이 대파를
한 묶음으로 묶고 있다.

화분에 심겨진 대파
한 묶음
가위로 부엌칼로 끊긴 대파
한 묶음
베란다 한구석을 차지하고 있다.

풍이 심하다, 당당하다.

뻥 뚫린 줄기의 구멍을
다물기 위해
자라고 있다.

십자가

언젠가
펌프질 우물이 메워진 것을 알고 있는가.
나무 곳간 바깥 벽 소나무 기둥
못에 걸려 비스듬한
물지게 죄 삭아버렸다.

양팔에 달았던 갈고리 손도
도망가버렸다, 물지게
골 깊은 등허리에 지고
물통을 매달고 십자가 되어 걷던 사람.

흔들리던 물통은 길가에
물을 뿌리던 기구였다.
십자가 되어 함께 걷던 그가
지난봄에 죽은 걸 알고 있는가.

슬쩍 스치기만 해도
두 동강 나 떨어질
뼈만 앙상히 발린 물지게
앉은뱅이.

남의 몸을 빌려 일어나 걸어온
죽은 소나무 귀신.

겨울 아침마다 보리밭 이랑으로
뒤뚱뒤뚱 걸어가던 십자가.
간신히 수평을 잡고 걸어가던
똥통을 매달았던 십자가.

하천 길

바닥이 드러나
허연 물 침버캐 앉아 있다.

농투성이 아비는
낡아빠진 짐 자전거 페달
드르륵드르륵 감기 바쁘다.

휘청거리는 달 그림자
휘청거리는 허리를 잡고
짐칸에 앉은 여자아이는
등에 얼굴을 문지르고 있다.

제방 가시덤불에는
철사 그물이 희뿌연
돌들을 잡아놓고 있다.

취해서 돌아가는 하천 길
양수기 호스 내려진 하천
웅덩이 메말랐다.

아비는 안장에서 내려 핸들을 잡고 걷는다.
여자아이가 안장에 엎드려 길게 따 묶은
두 줄기 머리카락 흘러내린다.

제방 위 코스모스들
수백 개 머리핀 꽂고
바람개비 웃음 웃고 있다.

아, 따뜻하기도 해라.

한 그루 소나무

이조쑥설렁탕집
신축 건물 뒤편에 옮겨 심은
한 그루 소나무 말라가고 있었다.
한 그루 소나무 이파리
불기둥에 달구는 가는 바늘이었다.
그 자리에서 한 그루 소나무
제 흔적을 태우고 있었다.

속엣불길이 겉을 훑으려
불을 질러놓고 있었다.
되려 속이 까뒤집혀
속엣피가 겉으로 나와
바싹 솔고 있었다.

누군가 소나무 무덤을 파놓고
누군가 소나무 封墳을 올리고
버팀목 셋을 세워두었다.
톱을 들고 달려들었다.
변심한
한 그루 소나무를 자르고 있었다.

자잘한 이파리 몇 묶음
잘린 소나무 밑동을 돌다
두 가닥 헛바닥 빼물고
기어이 밖으로 나와 있었다.

순간

개운산 동쪽 편에는
소원을 비는 그리 크지 않은 터가 있는데
가끔 몸뻬를 입은 할머니들이 찾아와
알루미늄 새시 안 소형 불상 앞에 초를 밝히고
연신 허리를 굽혔다 폈다를 반복하는데
그때마다 할머니들 손이
한 바퀴씩 비벼지곤 하는데 어떤 이는
한 바퀴 빙빙 돌면서 그 의식을 진행하는데
촛불은 심지를 잡아끌고 있는데
나는 점점 더 부끄러워지고 있는 것이다.
누굴 위해 간절했던 적이 별로 없던 내게도
원을 그리는 손에서 생긴 것 같은 온기가
느껴져 더더욱 부끄러워지곤 하는데
거기 몇 평 안 되는 모래 많이 섞인 땅에서는
손바닥에서 떨어진 것인지
모래 크기보다 훨씬 작은 빛이 나곤 하는 것이다.
산책 갔다 오는 개가 앞만 보고 주인 앞에 서서
급한 경사 길을 내려오는 것이
참 예뻐 보일 때가 있는 것이다. 바람에 날려 하얗게
손바닥을 펴 보이는 내 닥나무도

그리 멀지 않은 곳에 서 있는 것이다.
내 닥나무에게도 순간, 순간이 차곡차곡 채워지는 게 느껴질 때가 있는 것이다. 한참 동안 울먹거릴 운명이 내게도 찾아온 것이다.

소가 눈 똥

소가 눈 똥.
소가 서
잠시 먼 델 보고
자기 속에 힘을 줘
뭔가를 생각하던 곳.

바삐 봄이 찾아와
테두리에 풀이 돋았다.

바람의 손이 파릇파릇한
갓 자란 곳을 쓰다듬는다.

빗자국이 촘촘히 박혀
건더기는 거의가 다 가라앉아
풀뿌리 근처로 가라앉아
풀이 꽃을 피웠다.
풀이 눈을 달았다.

소가 눈 똥은
매일 밤낮

무얼 보고 있는 걸까?

풀들은 몇 프로나 소가 눈 똥일까?
풀들은 몇 프로나 소가 눈 똥을 생각할까?

대파꽃

대파꽃 위에 비가 내린다.
비는 대파꽃 위로만 내린다.
대파의 빈속을 채우려고 내린다.
대파의 뿌리를 채우려고 내린다.

비 맞는 대파꽃을 보니
대파의 바싹 마른
소태 낀 입이 벌어진다.

누가 알까
구름과 입 맞추는
대파꽃의 마음을.

누가 볼까
구름과 입 맞추며
딴전을 피우는 대파꽃
하나뿐인 마음 출구를.

비는 대파꽃 위로만 내린다.
대파는 그때로부터

작고 까만 씨앗을 맺는다.

빗소리가 말하는 걸 듣는다.
언젠가 비는 그치고
빗방울이 말하는 걸 듣는다.

장롱에 달린 거울

> 나는 당신이 유리이길 원할 뿐, 결코 거울이기를 원치 않는다.
> ——페드로 살리나스 Pedro Salinas

그는 안에서 긁혀 있었다.
그 상처 때문이었지
들여다보는 사람 얼굴도 긁혀 있었다.

깨뜨리고 들어갈 수 없는 벽.
깨뜨려도 소용없는 벽.

그는 긁힌 속을 들여다보았다.
들어가 숨기 불가능한 공간
들어가 숨기 쭙쭙한 공간
들어가 살기 위하여,
그는 앞으로 당겨 앉았다.

그는 거울 속 입술에 입을 맞추었다.
그는 과거에 살았던 사람
순간의 냉기가 그에게로

거울에게로 전해졌다.

그는 번번이,
거울에게 등을 보여줬다.

주머니

꽃샘추위가 찾아왔다.
행인들의 어깨는 야전 침대를
세워서 접는 꼴로 안으로
잔뜩 움츠러들고 있다.
행인들 발발이 걸음은
한결 바빠지고 있다.

주머니에 찔러 넣은
두 손을 움켜쥐고
차창이 많이 떨리는
비포장 도로를 달리는가.
시외버스를 타고 가는가.

차창 밖에
늦가을 사과 과수원이 펼쳐지는가.

행인들의 볼에는 없던
한 쌍의 홍옥이 돋아난다.

주머니 속,

두 손아귀에 나눠 쥔 따끈한 양분.
퍼져나가는 향기와 단내를 맡고
어디선가 하얗고 자잘한 벌들이
날아오고 있다.

주머니 속,
두 손아귀에 움켜쥔 따끈한 양분.
두 볼때기 홍옥은 부풀어, 거침없이
완숙의 경지를 향해 나아가고 있다.

벚꽃

노인 부부는
분식점 철제 의자에 앉아
라면 면발을 걷어들이고 있다.

두터운 안경 알.
김이 서린 안경 알.
검은 뿔테 속
바로 앞을 가린 안경 알.

알루미늄 새시 문 활짝 열린
분식점 안은 라면 면발
걷어들이는 소리만 남는다.

말이 필요 없어지는 나이
김이 걷히면 국물만 남는다.
신 김장김치 쪼가리
국물에 헹궈 먹는다.

저번 생
언젠가 한 번은

와본 곳이라는 생각이 가물거린다.

웃는 눈동자
흰자위만 널린
대낮까지 왔다.

까치집

감나무에
새끼를 쳐 나간 까치집이 남았다.
감나무에
한참 좋은 화력을 가진 삭정이
나무 곳간이 남았다.

둘이서,
따뜻한 밥 한 끼 지어
배불리 먹을 수 있을 만큼
마음 곳간에 삭정이가 남았다.

하루 해가 저물어갈 때
환한 마음의 아궁이에
불이 지펴진다.

솥뚜껑 들썩거리며
쌀밥이 익어간다.

감나무에 머문 홍시 노을
한참 가마솥에 뜸이 든다.

침이 부푼다.

굼벵이

감자 줄기를 걷어냈다.
암탉의 뱃속 자잘한 알들이
진흙을 바르고 올라왔다.

호미 날에 긁혀
올라온 굼벵이.
햇살 화상을 입었다.
살갗 전체가 까졌다.

진이 다 빠져나갈 때까지
몸을 뒤집는 굼벵이.
몸을 비틀어 짜는 굼벵이.

덤프트럭에 치어 죽은
어린 딸 거적 옆구리
맨땅을 치면서
나뒹굴던 젊은 아낙은
실신했다.

제3부

가을 단풍나무

너는 오랫동안 달려왔구나.
너는 숨차게 달려왔구나.
너는 온몸으로 열병을 앓았구나.
너는 앙상한 뼈대 위에
붉디붉은 숨결 실어 올렸구나.

멀찍감치 떨어져 보니
이파리 사이사이
붕 뜬 공간까지
네 빛으로 채우고 있었구나.

지켜보는 이 마음속까지
사로잡고 있었구나.
사로잡혀 있었구나.

세계 전도 보는 남자 생각

다리 위에서 직진 신호를 기다리는데
오늘도 미니트럭 짐칸 직화구이
네 줄 통닭들은 빙글빙글
모터를 따라 돌아가고
돌아오고 있었다.

질질 기름이 흐르고,
주인 남자는 등받이 없는
플라스틱 의자에 앉아
세계 전도 위에 넋을 다
내려놓고 있었다.

벗은 왼발바닥 굳은살 뜯어내고 있었다.
벗어놓은 가죽 샌들
물어뜯는 털북숭이 새끼강아지
머리를 죄 흔들어보고 있었다.

흰 모나미 볼펜 자루 왼손가락에 끼우고
한 주먹 머리카락을 쥐고 있는 남자가 있었다.
장작 불꽃 그림자 넘실넘실

남자 얼굴을 달구고 있었다.

거울 보는 남자

변기 앞에 쭈그리고 앉아
뭔가를 토한다.

너는 어디까지 갔다
이제야 돌아왔느냐.
연신 헛구역질이다.

또 다른 누군가가 있어
눈물이 글썽이는 모습
더 속이 터진다.

이렇게 살면 안 되는데,
죄를 짓는 것인데,
천벌을 받는 것인데,
침만 나온다.

물을 내린다.

다시금 거울이 차오른다.

말라가는 연못

너에 대한 그리움 때문에
저 말라가는 연못의 숨이
입 맞추는 거라 생각된다.

흙탕물이 끝없이
수천의 입을 열어
대상 없이,
입 맞추는 한낮의 연못.

아 다급하다.

살고 싶어 안달하는
수천의 물고기를 가둔 연못
숨이 차다.

높이 떠오르는
연꽃 한 송이.

휘어진 길

내 마음은
거기까지밖에 보지 못합니다.
내 마음은
거기까지밖에 걷지 못합니다.
내 마음은
거기서부터 진공 상태입니다.

휘어진 길을 따라
내 마음도 휘어져
버젓이 튕겨집니다.

나는 눈이 멀었습니다.

그대가 떠나가고
커브에 오동나무가 서 있습니다.
지금은 베어진 오동나무
보도블록에 덮인 오동나무
꽃을 피우고 있습니다.

보랏빛 종들

수백 개 스피커에서
알지 못할 향기가 흐릅니다.

질식할 것 같아
눈을 뜨고 맙니다.

목련

아무도 없는데
안마당 목련나무 한 그루
사람의 발소리 따라 흔들리고 있다.

누가 거기 매어놓았을까?

백구 한 마리
벌어지는 봉오리들을
재촉하고 있다.

넓어진 개울

폭우 지난 뒤
개울을 건넌다.

쓸려 내려온 자갈
파헤쳐진 자갈을
지나가는 물결의
울퉁불퉁한 표정.

그만한 크기로 튀어나와
자갈이 있음을 알려준다.

물결아,
경사야,
흐드러진 들깨 꽃밭아.

같이 걸어온 그대
한 손을 잡아주러
먼저 건너간다.

자귀나무

저녁 잔바람이 불어와 자귀나무 꽃
물 위에 떠다니던 살얼음 한 조각
투명한 달을 향해 눈 사래를 친다.

길 아래 도랑에는 모기들이 들끓는다.
모기들은 모기만 한 소리로 울고불고
별들은 차 추돌한 아스팔트 바닥
잘게 부서진 유리 알갱이 흩어져 빛난다.

뼛속에는 구멍이 있어
뼛속의 구멍은
별까지 가는 외길이고
나와 별 사이의 외길이고

상사병은 더 이상 번지지 않는다.
달에서는 휴화산 분화구가 사라지지 않는다.

상여들은 자귀나무 가지 위에 올라타고
어디론가 떠나갔다 돌아온다.

삽

무논에 꽂힌 한 자루 삽
흙을 가르고 서 있는 줄 모른다.
자신의 모습을 흙 속에
새기고 있는 줄 모른다.

흙으로 스며드는 눈물
흙에 꽂힌 삽날의 깊이만큼
삽의 모습을 알아채지 못한다.

악몽

덤프트럭 바퀴에 뭉개져
핏물 홍건한 담요를 깐
고양이 몸뚱이.

이제 와서 어쩌라고
힘겹게 대가리를 쳐들고
설레설레 휘젓고 있다.

비쳐오는 불빛을
독기로 받아치는
순간의 번갯불.
꿈속을 지켜보는 사람
컴컴한 가슴을 열고 닫는다.

일어나지지 않는 이불 속,
떨어지지 않는 발자국,
빠져나올 수 없는 늪.

덤프트럭 바퀴들 뒤따라
그 자리를 짓밟고 지나친다.

피범벅 이불 속 악몽……
천천히 혼자서
책임져야 한다.

잡힌 매미

청량리 시장 비좁은 골목을 뚫고
오토바이 한 대 곡예로 달려온다.

손에 잡힌 매미
돼지 멱따는 소리로 달려온다.

비키라고 다친다고 눌러대는
약발 떨어진 벨소리로 달려온다.

사람들은 참 나빴다,
징그러졌다.

배고픔

바퀴벌레는
대가리가 잘려도 죽지 않는다.
아홉 밤을 더 살다 굶어 죽는다.

제 몫으로 떨어진 밥그릇
싹싹 비운 밥그릇
빈 껍데기만 남겨놓는다.

하루

한여름 밤
초로의 노인장 둘 러닝 바람으로
놀이터 벤치에 말을 타고 마주앉아
선버너 위에 두터운 목삼겹살을 굽는다.
느글느글 돼지기름을 튀긴다.
기름을 뺀 목삼겹살 타오른다.
종이컵에 옮겨졌다
러닝 속으로 부어지는 소주.
병에 맺힌 물방울 도수가 없다.

어린 느티나무 그늘은
그물 구멍이 커,
모래 바닥에 떨어진 가로등 불빛
날선 금 쪼가리 날을 새운다.

태양까지 가기에 턱없이 모자란 생
가로등 금광에 모여든 날짐승들.

영원히 완성할 수 없는
옷감 서둘러 짠다.

제4부

솔가리를 긁으며

그는 제초제를 먹고
안마당 시멘트 바닥을 긁었는데
허옇게 눈이 뒤집혔는데
손톱들이 까지고
손가락뼈들이 갈리고 있었는데
火葬을 하고 있었는데

나는 그동안 대나무 갈퀴
쇠갈퀴로만 솔가리를 긁었다.

장작개비에 불붙이기 위해
등 따습게 하룻밤 잘 생각에 빠져

나는 솔가리를 긁어모았다.

내가 태어난 게
잘못되었다는 걸 몰랐다.

아스팔트 웅덩이

4.5톤 트럭이 변압기 전봇대를 싣고 달린다.
전봇대 중앙에 뚫린 구멍이
밑으로 넓어진다. 트럭 꽁무니
연통이 부들부들 떨린다.

푹 꺼진 웅덩이에 담긴 물
두려움을 안고 떨린다. 물결이
바퀴를 향해 나아간다. 물결이
바퀴를 안고 갈라진다. 물결이
바퀴를 감고 돌아간다.

전봇대가 휘청휘청 휘어진다.
전봇대가 물결 위에 실려 달려간다.
전봇대가 진정되지 않는다.
전봇대가 꺾이지 않는다.

아스팔트 웅덩이 채워진다.

찬 우물

푸른 물이끼 뒤엉킨 찬 우물 속
어느 병 깊은 짐승이 옆으로 누워
간신히 숨 고르고 있다. 짐승의 속살은
푸른 털에 덮여 보이지 않는다.
푸른 짐승의 몸 속에
미꾸라지들 득실거린다.
미꾸라지들은 거기서
한평생 살기를 원한다.
피라미 송사리 참붕어
짐승의 샘솟는 숨결 위에 떠서 산다.
짐승은 일어나지 않는다.
푸른 이불 털가죽을 덮고 있다.
드러누운 짐승의 한뎃잠을
푸른 칼 갈대가 지켜주고 있다.

비닐 연

잎이 돋는 은행나무 가지 꼭대기
삼색 찬란한 꼬리를 흔드는 비닐 연
뚝 끊겨 걸려 나부낀다.

가자, 가자, 가자,
저 세상으로 서둘러 가자.

한쪽 가지를 따라
은행나무 전체가 흔들린다.

풀어줄 줄이 없는데
따라갈 맘이 없는데
받아들일 길이 없는데

숨통을 끊어놓을 듯
비닐 연
나뭇가지를 비틀어 조인다.

꽃 막대기와 꽃뱀과 소녀와

집에 가는 오솔길이 있었다.
길게 머리를 따 묶은 소녀가 있었다.
유월의 풀밭 안으로 스며드는
오솔길을 걷고 있었다.

세상에서 가장 아름다운 시절.
딱딱하게 굳은 땅바닥 위에
떨어진 꽃 막대기가 있었다. 소녀는
의심을 품어본 적이 없었다.

꽃 막대기에 대한 소녀의 설렘!

손을 가져가자
꽃 막대기는 금세
꽃뱀으로 변했다.

꽃 막대기와 꽃뱀과 소녀는
점점 멀어지기 시작했다.

유란이 생각

궁뎅이마다
똥 딱지 붙어 댕긴 암소에게
억새풀을 뜯겼다.
찬물 흐르는 냇가
오리나무 그늘을 옮겨 다니며
쭈그려 앉았다.

까치 한 쌍이 꼬랑지를
치켜세우고 짖었다.
포플러 곁가지를
꽉 움켜잡고
찢어지게 짖었다.

해가 넘어갔다. 해가
서쪽 바다로 떨어졌다.
금 부스러기를 억수로 자랑하던
해가 없어졌다.

물소리만 쌓였다.
소태 낀 입 다물고

물소리를 따라
긁히고 휘어지고 갈라지면서
서쪽 바다 근처까지 갔다.

꼴도 보기 싫은 하늘.
누워 되새김질하는 암소.
풀도 빌어먹는 주둥이 침버캐.
씰룩거리길 즐기는 침버캐.

물은 떠난 뒤에 물소리를 내.

부곡저수지

굶주림의 고통이 모든 걸 갉아먹었다.
—안나 아흐마토바 Anna Axmatoba

돌을 받기 위해
그의 입은 금세
'툼벙' 벌어졌다.

좀더 달라
좀더 빨리 달라
빨리 좀더 달라

누운 채로
그의 입은
허공 위에 벌어졌다.

먹은 만큼 버려야 하는 걸 모르고
온몸이 벌어지는 입인 그는
담으려고만 애썼다.

기름때 기슭으로 밀려들어

그의 뱃속에 두터운 지방 띠를 두르고
푹푹 썩어가고 있다.

터널

건널목 차단기가 내려집니다.
닥나무 이파리들
다닥다닥 떱니다.

하루 종일
생담배를 태우는 공장 굴뚝, 햇살이
닥나무 이파리 틈바구니에서
갈라져 떨어집니다.

벼이삭들 사이에서
바닥을 끌고
참새떼 날아오릅니다.
하늘에
회오리 무늬가 그려집니다.

빛을 떼내는 닥나무 이파리들,
사기그릇 깨지는 소리들.

깃발이 올려집니다.
열 몇 칸짜리 객차가

순식간에 스쳐갑니다.
아득히
회오리바람이 사라집니다.

객차들의 꽁무니,
뻥 뚫린 터널이 사라집니다.

아주 오래된 터널입니다.

당신을 만나야,
불이 밝혀지는 터널입니다.

얼굴

제 얼굴에 침 뱉어논 뱀딸기를 보았다.

대낮부터 붉은 얼굴. 홍시 같은 얼굴을 한
뱀딸기를 보았다.

한평생을 부끄럽게 살다 가는 얼굴.
한평생을 부끄럼을 타다 가는 얼굴.

뱀딸기를 딴 적이 있었다.
뱀딸기의 둥근 속은
천장으로 달라붙어
텅 비어 있었다.

붉게 익어터진 지붕과
희고 부드러운 천장을 가진
뱀딸기의 영혼이 살던 방을
보았다.

더러워
부끄러워

안엣것들을 내다버린

뱀딸기 열매에서는
붉게 익어 터진 부분에서도
하얀 즙이 나왔다.

까슬까슬
뱀딸기 열매에서는
무수한 숨켜가 나왔다.

봄 뒤뜰

쩌개진 장독대 위에
번들거리는 단지들
뚜껑을 열어젖히고 있다.

물앵두나무 두 그루
구석에 붙어 엉키고 있다.
질리지 않을 만큼
화사한 꽃을 피우고 있다.

서둘러 꽃을 피우고
시들어가고 있다.

잎이 나기 전에
시드는 꽃을 피우는 나무
저주받은 거라는 말이 떠오른다.

귓속으로 벌통이 옮겨지고 있다.

홍시

맘껏 주물러보시지요.
우물쭈물 드셔보시지요.

오라고, 어서 오라고*
오셔서 한입에 드시라고

당신 잘 보이는 곳에
통째로 맡겨놓았지요.

씨를 삭히느라
그만
몸이 풀리고 말았지요.

거무튀튀한 씨만 발라주세요.

당신에게 흘러들고 싶네요.

* 김영산의 「까치밥」에서 차용.

나팔꽃 봉오리 하나가

나팔꽃 봉오리 하나가
내 창문에 와 귀를 대고
뭔가를 엿듣기 시작했다.
닫힌 창문 곁에 와
한낮의 방충망에 귀를 대고
고요한 방 안을 탐색하고 있었다.

돌아와 창문을 열면
나팔꽃 봉오리 하나
입을 다물고 있었다.

묵묵히 지켜보던 나팔꽃 봉오리 하나
눈을 감고 뭔가를 생각하고 있었다.

향기를 전하려 했으나, 그때마다
내 창문은 안에서 닫혀 있었다.

어느 날부터인가
나팔꽃 봉오리는 창문을 등지고 있었다.
나는 그때에야 나팔꽃처럼 창문 밖

드넓은 하늘을 바라보게 되었다.

첫눈

여자는 털신 뒤꿈치를
살짝 들어올리고
스테인리스 대야에
파김치를 버무린다.

스테인리스 대야에 꽃소금
간이 맞게 내려앉는다.

일일이 감아서
묶이는 파김치.

척척 얹어
햅쌀밥 한 공기
배 터지게 먹이고픈 사람아.

내 마음속 歡呼는
너무 오래 갇혀 지냈다.

해설
휘어진 길

김춘식

　이윤학 시인의 첫 시집 『먼지의 집』 뒤표지에는 다음과 같은 글이 실려 있다.

　　痰과 癌을 구별하지 못하는 나에게 어머니는 담이 결려 며칠씩 누워 있다. 담담함과 암담함의 차이를 나는 안다. 이제, 주머니 속에 콩을 넣고 문지르던 육체의 아픔을, 그 고달픔을, 집에는 사람이 살지 않는다. 열매들은 저 혼자 떨어진다.
　　뜨거움을 참지 못할 때, 뜨거운 곳에서 콩은 튄다. 나는 튀는 콩의 온도를 느끼고 싶다.

　첫 시집을 발표한 후 약 10년이 넘는 시간이 흘렀고, 이제 그는 다섯번째 시집을 출간한다. 그리고 이 시집의 맨 처음은 다음과 같은 작품으로 시작된다.

진흙탕에 덤프트럭 바퀴 자국 선명하다.
가라앉은 진흙탕 물을 헝클어뜨린 바퀴 자국 선명하다.
바퀴 자국 위에 바퀴 자국.
어디로든 가기 위해
남이 남긴 흔적을 지워야 한다.
다시 흔적을 남겨야 한다.
물컹한 진흙탕을 짓이기고 지나간
바퀴 자국, 진흙탕을 보는 사람 뇌리에
바퀴 자국이 새겨진다.
하늘도 구름도 산 그림자도
바퀴 자국을 갖는다.
진흙탕 물이 빠져 더욱
선명한 바퀴 자국.
끈적거리는 진흙탕 바퀴 자국.
어디론가 가고 있는 바퀴 자국.
―「진흙탕에 찍힌 바퀴 자국」 전문

 그가 걸어온 10년 동안의 여정에서, 그리고 지금도, 그가 계속해서 자신의 뇌리 속에 물컹하게 새겨진 기억의 흔적을 지우면서 가려고 하는 '그곳'은 과연 어디인가.
 이윤학 시인은 이 점에서 역설적인 행동을 취하는 사람이다. 암담함으로부터 벗어나기 위해 '암담함'을 '담담함'으로 바꾸어버린 그의 고집스러운 자의식이 지금까지 고통으로부터 그를 지켜준 것이다. "아직은 견딜 만하다"(①『먼지의 집』, 自序)는 자위는 이 점에서 뜨거움을 참지 못하고 튀는 콩의 온도를 느낄 때까지는 혼자서 '견뎌보겠다'

는 오기와 집착의 표현이기도 하다. 암담함을 담담함으로 바꿈으로써 '견딜 수 없는 암담함'의 순간을 어떤 시적 절정의 순간으로 상정하는 그의 태도는 그래서 미학적이다.

「저수지」(②『붉은 열매를 가진 적이 있다』, 이하 시집명은 숫자로 대신함)라는 작품에서, 그는 "돌을 받아먹고 괴로워하는 저녁의 저수지//바닥까지 간 돌은 상처와 같아/곧 진흙 속으로 비집고 들어가 섞이게 되네"라고 하여, 상처를 치유하고 그 상처를 잊는 길은 그 상처를 물컹한 진흙처럼 감싸고 삭이는 것이라고 노래한다. 이런 그의 집요한 견딤과 사물에 대한 응시의 자세는 세번째 시집『나를 위해 울어주는 버드나무』에 이르기까지 일관되게 나타난다.

"극에 달한 고통만이,/영혼을 건져 올릴 수 있다"(「난로 위의 주전자」, ③)나 "신음 소리만큼 긴 기도문을/들어본 적은 아직 없다"(「그 병원 앞」, ②)와 같은 고통의 절정을 향한 순교의 자세는 '상처'와 '폐허'를 잊기 위한 역설적인 행위라고 할 수 있다.

상처와 끔찍한 기억을 두려워하기 때문에 오히려 그 기억으로부터 "도망갈 수 없다"는 반어적인 판단은 시인으로 하여금 끊임없이 약해지지 않기 위한 새로운 각오를 다지게 한다. "내 마음이 살다온 방," 끔찍함과 그 끔찍함의 과거와 만나 "그 속에 앉아 있게 되는"(「포도 넝쿨이 쳐진 마당」, ②) 그런 기억의 '방'으로부터 벗어날 수 있는 길은 "멀어지는 것"이 아니라 오히려 그 방 안에 자신을 가두고 밖에서 문을 잠그는 것이다. 이 점에서 이윤학의 시는 과거의 기억 속에 갇힌 자와 그러한 '갇힌 자'를 집요하게 응시하는 또 하나의 시인의 의식이 치열하게 맞부딪치는 순간에 일으키는 '불꽃'과 같다.

과거의 방 안에 갇힌 자아가 "아무것도 살지 못하는 버려진 간척지, 내/가슴속의 웅덩이의 물은/출렁거리고 있다//이걸 어떻게 퍼낼까/이걸 우려내는 데/얼마나 많은 날들이 필요할까, 그것이/가능한 일이기나 한 건가//내 가슴속의 수문은 열리지 않는다, 나는/끝없이 흘러 고이는 물을 가둬두고 있다"(「간척지」, ②)에서 보듯이, 가슴속에 가득 찬 폐허와 상처와 끔찍함의 기억을 우려내는 일에 골똘해 있는 동안, 문밖의 자아는 "잠긴 방문 앞에서 서성"이다 방문 안의 세계로 들어가기 위해 "어딘지 모르는 열쇠가게"(「잠긴 방문」, ③)를 찾아서 정처 없이 걸어가기 시작한다. '잊기 위해서' 어디든지 가야 하는 자아와 잊기 위해서 고통이 극에 이를 때까지 상처와 끔찍한 기억을 우려내는 일에 몰두하는 자아는, 이 점에서 서로 대립적이지만 이미 '한 몸'이다.

상처와 가장 정직하게 대면하는 것이 '신음 소리'라면, 그 신음 소리로부터 벗어나려는 욕망은 외부의 사물과 풍경에 대한 집요한 응시로 표현된다. "어디로든 가기 위해," 상처의 흔적을 지우고 다시 "흔적을 남"기는 '진흙탕 위의 바퀴 자국'처럼, 사물에 대한 응시를 통해 그가 깨닫는 것은 과거의 흔적을 뭉개기 위해서는 또 다른 새로운 상처가 필요하다는 것이다. 방향도 없이 어디론가 가기 위해서, 잊기 위해서, 그래서 그는 시를 쓸 수밖에 없고 여전히 '끔찍함의 방' 속에 자신을 다시 남겨둘 수밖에 없는 것이다.

이런 악순환을 통해서 운명이나 숙명을 떠올린다면 지나친 과장이라 할 수 있을까. 저주받은 시인의 운명이란 무엇인가. 언제나 고통과 정직하게 직면하기 때문에 그 고통과 끔찍함과 두려움을 한 순간도 잊을 수 없다는 점, 그래서 더욱더 그 고통으로부터 벗어나기 위해 발버둥치고 있다는 아이러니가 그것은 아닐까. 상처를 끌어안고 뒹굴면서도 한편으로는 그것으로부터 달아나려고 발버둥치는 애증과 연민이 뒤엉킨 집착이 결국은 '시인의 운명'을 낳는 것이다.

>   삽날에 목이 찍히자
>   뱀은
>   떨어진 머리통을
>   금방 버린다
>
>   피가 떨어지는 호스가
>   방향도 없이 내둘러진다
>   고통을 잠글 수도꼭지는
>   어디에도 보이지 않는다
>
>   뱀은
>   쏜살같이
>   어딘가로 떠난다
>
>   가야 한다
>   가야 한다
>   잊으러 가야 한다
>   ——「이미지」 전문, 『아픈 곳에 자꾸 손이 간다』

방향도 없이, 쏜살같이 어딘가로, 잊으러 가는 뱀의 몸뚱어리처럼 그는 과거의 기억을, 떨어진 머리통과 함께 버려두고, 고통에 몸부림치며 간다. 그의 마음은 머리통과 함께 끔찍함의 추억 속에 버려진 채, 그렇게 기억의 방 안에 갇힌 것이다. 그러나 기억으로부터 달아나는 것은 고통을 잠글 수도꼭지를 잃어버린 '몸통'뿐이다. 그러니 잊으러 가는 길은 사실은 이 세상 어디에도 없는 "고통을 잠글 수도꼭지"를 찾아가는 불가능한 길이다. "고통을 잠글 수도꼭지"란 오직 떨어져버린 원래의 머리를, 상처받기 전의 마음을 제자리로 돌려놓는 길뿐이라는 것을 그는 잘 알고 있기 때문이다.

  이 점에서 잊기 위해 달아나는 그의 행로는 사실은 점점 더 깊이 그의 과거로, 상처의 근원으로 시간을 거슬러 올라가는 퇴행의 과정이었다고 할 수 있다. 사물과 풍경에 다가가면 갈수록 그는 더욱 자신을 닮은 사물과 기억과 끔찍함의 고통과 직면하게 되는 것이다. "가라앉은 진흙탕물을 헝클어"뜨리는 바퀴 자국은 결국은 시인이 인위적으로 발견하고 덧나게 하는 새로운 상처인 것이다. 새로운 고통만이 과거의 끔찍함을 지우고 그를 '현재' 속에서 견디게 하는 '힘'인 것이다.

  『아픈 곳에 자꾸 손이 간다』는 그의 네번째 시집 제목처럼, 그의 고통에 대한 성찰은 "과거의 상처는 오직 더 큰 새로운 고통을 견뎌냄으로써만 극복된다"는 인식의 지점에서 새롭게 시작되고 있는 것이다.

  이윤학 시인의 시에서 어떤 감상성이나 수사학적인 치장을 찾아보기 힘든 것은 그의 이러한 집요한 상처의 응시

때문이다. 그래서 어떤 점에서 그의 시는 독자들에게 너무 건조하다는 생각을 불러일으키기도 한다. '물기'가 없는 담담함으로, 조금의 '엄살'도 용서하지 않겠다는 그의 결벽증은 그래서 어느 순간 그의 시에서 '촉촉함'과 '따뜻함'을 배제시켜버린다. '연민'과 '슬픔'이 천성처럼 묻어 있던 초기 시편에 비하면 『아픈 곳에 자꾸 손이 간다』는 그의 이런 결벽증이 더욱 두드러져 보이는 시집이다.

그러나 이런 건조함 또한 일종의 역설이다. "이제 나에게는/길에서 혼자 죽을 수 있는/독단도 남지 않았다"(「길」, ④)라는 고백은 그가 어떤 '극단'에 직면해 있음을 알게 한다. "급브레이크를 밟은 타이어 자국이/내 흐릿한 의식 속에 휘어진,/두 줄의 검은 혓바닥을 처넣는다"(「길」)라는 구절에서 보듯이, 그는 어떤 극단 앞에서 급브레이크를 밟으며 동시에 두 줄의 '휘어진 길'을 만든다. 이런 급선회는 그의 이런 '건조함'이 어떤 변화의 '조짐'이라는 생각을 불러일으킨다.

실제로 이번 시집에는 「휘어진 길」이라는 작품이 포함되어 있는데, 이 작품에서 시인은 "휘어진, 두 줄의 검은 혓바닥"이라는 표현과 같은 독단과 결기로서가 아니라 매혹된 시선으로 이런 극단을 응시한다.

  내 마음은
  거기까지밖에 보지 못합니다.
  내 마음은
  거기까지밖에 걷지 못합니다.
  내 마음은

거기서부터 진공 상태입니다.

휘어진 길을 따라
내 마음도 휘어져
버젓이 튕겨집니다.

나는 눈이 멀었습니다.

그대가 떠나가고
커브에 오동나무가 서 있습니다.
지금은 베어진 오동나무
보도블록에 덮인 오동나무
꽃을 피우고 있습니다.

보랏빛 종들
수백 개 스피커에서
알지 못할 향기가 흐릅니다.

질식할 것 같아
눈을 뜨고 맙니다. ──「휘어진 길」전문

 "나는 눈이 멀었습니다"라는 표현처럼 매혹의 극단은 '눈멂'이나 '하얀 침묵'으로 상징되는 감각의 마비에 흔히 비유된다. 님의 목소리에 귀 멀고 님의 얼굴에 눈이 멀듯이, 매혹의 극단에 이르러 시인은 마침내 감각의 절정을 넘어선 어떤 형이상학에 직면할 수밖에 없는 것이다. 이 점에서 마음의 한계, 시선의 끝, 그리고 어디론가 정처 없이 걸어가던 시인의 행적의 끝을 암시하는, 휘어진 길 바깥의 진공 상태에 직면한 시인의 고백은 무척 의미심장하다. 커브에 서 있는 오동나무, 지금은 베어진 오동나무가 꽃을 피우고 그 "보랏빛 종들/수백 개 스피커에서/알지 못할 향기가" 흐르는 순간 시인은 "질식할 것 같아/눈을 뜨고" 만다.

휘어진 길의 모퉁이에는 이처럼 시인을 질식시키는 매혹 즉 '사물의 아름다움'이라는 미적 극단점이 존재한다. 그리고 그 건너에는 형이상학으로 암시되는 사물의 '저편'이 있는 것이다.

'시인됨'의 숙명은 실제로 이런 극단점에서 '커브'를 돌 수밖에 없다는 사실에 있는지도 모른다. 삶과 죽음을 넘어선 '초월'의 지점에서 "휘어진, 두 줄의 검은 혓바닥"을 남겨놓은 뒤, 사물의 세계로 다시 돌아올 수밖에 없는 시인은, 이 점에서 초월을 응시하되 언제나 사물의 세계에 몸을 담고 있는 존재인 것이다.

"질식할 것 같아/눈을 뜨고" 말듯이 그의 사물에 대한 집요한 응시는 이 점에서 맹목적인 형이상학에 눈이 멀어버리는 관념적 유희에 빠지지는 않는다. 그의 사물에 대한 집요한 응시는 이 지점에서 변화의 계기를 명확히 마련하고 있는 것이다. 미적인 것을 향해서든, 아니면 어떤 삶의 극단점을 향해서든, 집요하게 스스로를 밀어붙이던 것이 그의 '시'였다면, 휘어진 길 앞에서 나에게는 "길에서 혼자 죽을 수 있는/독단도 남지 않았다"라고 말하거나 "나는 눈이 멀었습니다"라고 한 뒤에 결국은 "질식할 것 같아/눈을 뜨고 맙니다"라고 고백하는 두 개의 언술은, 그가 독단처럼 추구한 시적 극단점에서 무엇을 발견했는지 짐작하게 한다.

그의 마음이 보고 걸어 갈 수 있는 끝, 그 끝이 바로 휘어진 길이라면 시의 극단은 이미 '선회점'을 미리 준비한 채 시인을 기다리고 있었던 것이다. 시의 극단이 '막다른 골목'이거나 '끊어진 길' '절벽'이 아니라는 점에서, 시인됨의 숙명이란 이렇듯 "휘어진 길을 따라" "버젓이 튕겨"질 수밖에 없다는 사실에 있는 것이다. 삶과 죽음을 초월한 이탈점과 사물 저편의 진공 상태는 애초에 '시인의 영토'가 아니기 때문이다.

결국, 이윤학 시인이 선회점에서 발견한 것은, "고통의 극단은 구원이 아니라 지속적인 되풀이," 즉 상처로 상처를 덧나게 함으로써 과거를 지워나가고 치유해야 한다는 엄연한 사실이다. 이 점이 사물에 대한 응시를 통해서 '저편'을 꿈꾸던 그의 시편이 오랫동안 '미학적인 치장'을 거부하면서 '건조한 정공법'을 추구해온 까닭에 대한 한 가지 이유라고 할 수 있다.

그는 미학적 정점에 존재하는 '절벽'을 상상하면서 시를 써온 사람이다. 즉, 고통에 대한 정직한 대면으로 자신을 그 절벽에까지 밀어붙이고자 했던 것이 지금까지 그의 시적 행로였다면, 길 끝에 새로운 길, 즉 휘어진 길이 있다는 그의 생각은 '엄청난 변화'를 예고한다. 이제 그는 단순히 '끔찍한 기억'을 파먹으며 견디거나, 상처를 덧내거나 하면서 자신을 혹독하게 '깨어 있게' 하는 것이 아니라, 그 고통에 대하여 해명하고 스스로를 치유해야만 하기 때문이다.

『먼지의 집』『붉은 열매를 가진 적이 있다』『나를 위해 울어주는 버드나무』『아픈 곳에 자꾸 손이 간다』등 네 권의 시집을 출간하는 동안, 그는 스스로를 파먹으며, 사물과 간절하게 교감하면서, 그리고 마침내는 자신의 상처를 덧내가면서 '극단'을 추구해온 시인이다. 그리고 이 점은 앞으로도 문학사에서 그의 독자적인 '행적'으로 오랫동안 남을 것이 분명하다.

이번 시집은 그의 이러한 과거의 끔찍한 기억에 대한 치유와 해명을 위한 새로운 출발점이라고 할 수 있다. 과거의 시편에 비해 연민과 슬픔, 사물에 대한 따뜻한 시선이 두드러지는 이번 시집은 앞으로 그의 시에 대한 치열한 자의식이 나아갈 새로운 돌파구를 직감하게 한다.

　　그는 안에서 긁혀 있었다.
　　그 상처 때문이었지
　　들여다보는 사람 얼굴도 긁혀 있었다.

　　깨뜨리고 들어갈 수 없는 벽.
　　깨뜨려도 소용없는 벽.

　　그는 긁힌 속을 들여다보았다.
　　들어가 숨기 불가능한 공간
　　들어가 숨기 쫍쫍한 공간
　　들어가 살기 위하여,
　　그는 앞으로 당겨 앉았다.

　　그는 거울 속 입술에 입을 맞추었다.

그는 과거에 살았던 사람
순간의 냉기가 그에게로
거울에게로 전해졌다.

그는 번번이,
거울에게 등을 보여줬다.　　—「장롱에 달린 거울」 전문

　거울 속의 '그'와 거울 밖의 '그'는 상처를 우려내는 자아와 그리고 번번이 상처로부터 도망가는 자아를 그대로 축약해서 보여준다. 어디든 가야 하는 자아는 한 번도 과거에 살고 있는 '긁힌 속'을 지닌 거울 속의 그와 하나가 된 적이 없다. 그는 상처와 정직하게 대면하려고 했지만 결국은 번번이 등을 돌리고 만다. 시인의 분열된 자아를 암시하는 긁힌 속을 지닌 거울 속의 그와 그 상처를 치유하고 끌어안으려고 하는 그 사이의 '냉기' 혹은 '단절'은 그가 극단의 순간까지 견뎌야만 하는 고통이었다.
　그러나 이러한 '분열'은 어떤 극단을 통해서도 해결되지 않는다. 결국, 거울 밖의 내가 그를 끌어안는 방법은 그 안에서 같이 살려고 발버둥치며 천형처럼 주어진 '긁힌 속'을 마주보고 있는 확인이나 잠긴 방문을 열기 위해 열쇠를 찾으러 가는 길만은 아니라는 것이다. 그의 상처에 대한 새로운 인식은 '지독한 견딤'을 '사랑'으로 바꾸는 방법을 통해 이루어진다.

둥근 소나무 도마 위에 꽂혀 있는 칼
두툼한 도마에게도 입이 있었다.

악을 쓰며 조용히 다물고 있는 입
빈틈없는 입의 힘이 칼을 물고 있었다.

생선의 배를 가르고
창자를 꺼내고 오는 칼.
목을 치고 몸을 토막 내고
꼬리를 치고,
지느러미를 다듬고 오는 칼.

그 순간마다 소나무 몸통은
날이 상하지 않도록
칼을 받아주는 것이었다.

토막 난 생선들에게
접시나 쟁반 역할을 하는 도마.
둥글게 파여 품이 되는 도마.
칼에게 모든 걸 맞추려는 도마.
나이테를 잘게 끊어버리는 도마.

일을 마친 생선가게 여자는
세제를 풀어 도마 위를
문질러 닦고 있었다.

칼은 엎어놓은 도마 위에
툭 튀어나온 배를 내놓고
차갑고 뻣뻣하게 누워 있었다. ──「짝사랑」전문

이것은 그가 꿈꾸는 마음의 풍경이며 자화상이다. 상처를 부드럽게 안거나 "악을 쓰며 조용히 다물고 있는 입"으로 칼을 물면서 오히려 그러한 칼의 날이 상하지 않도록 스스로의 상처로 칼을 받아주는 도마의 둥글게 파인 부드러움이 "툭 튀어나온 배" "차갑고 뻣뻣"한 칼의 거친 공격성을 숙명처럼 받아들이며 그것에 "모든 걸 맞추려"고 하는 것이다.

　상처를 아픔이나 고통이 아니라 끔찍한 일을 저지르고 돌아오는 칼날을 받아주는 도마의 숙명으로 변화시킨 이러한 이미지는, 부드러움을 지향하는 그의 치유력을 새롭게 환기시킨다. 돌을 받아먹고 괴로워하던 저수지가 바닥까지 내려간 돌을 상처처럼 부드럽게 안듯이, 상처는 그에게는 스스로의 아픔을 단순히 견디게 하는 것이 아니라 적극적으로 치유하는 또 다른 '힘'의 원천이다. 결국 그는 도마처럼 둥글게 파여 '품'이 될 때까지 칼에게 모든 것을 맞출 수 있을 때까지, 스스로의 나이테와 삶을 잘게 끊어가는 인고(忍苦)의 시간이 흐르기를 기다리고 있는 것이다. 이런 기다림은 거친 시간의 폭력, 삶이라는 천형적인 상처에 대한 그의 대응을 마음속의 풍경으로 새롭게 형상화한다.

　　언젠가는 슬쩍 갈 수도 있겠지요.
　　진창으로 폭우가 들이치는 날 길에 물이 흐르는 날
　　길이 뒤집히고 파이고 동강 나는 날
　　아침고요수목원에 가는 날 있겠지요.

계곡 가득 메우고 하염없이 쏟아지는 물 더미
물굽이 물의 험한 주름살 보고 올 날 있겠지요.

민박집 평상 조잡한 꽃무늬 장판 위에 앉아
삼겹살 굽고 모기향 피우고
젖은 담배 말려 피울 날 있겠지요.

온몸에 소름이 돋고 딸꾹질이 멈추지 않고
맑은 소주잔 들이켜면
언젠가 비가 그칠 날 있겠지요.
물이 줄어들 날 있겠지요.

내 가슴 잃어버린 맑은 음 찾아 들을 날 있겠지요.
맑은 음 전신을 전율시킬 날 있겠지요.
　　　　　　　　　　――「아침고요수목원」 전문

　폭우와 진창으로 기억되는 날이 지나면 언젠가 비가 그치고 물이 줄어드는 날이 오듯이, 험한 상처와 끔찍한 기억이 어느 순간 마음속 "잃어버린 맑은 음"으로 새롭게 자신의 몸을 전율시킬 날을 기다린다는 전언은 지금까지 그의 마음을 사로잡았던 고통에 대한 전혀 새로운 태도이다. 상처를 덧내면서까지 집요하게 상처의 근원을 응시하던 과거의 시편에 비하면 이 점은 그의 스스로에 대한 연민이 새로운 차원으로 전개되고 있음을 시사한다.
　지금까지 지독한 견딤이 상처를 정면으로 응시하는 힘이었다면, 이 순간 그의 견딤과 응시는 상처를 껴안는 적

극적인 포즈로 변하고 있는 것이다. 팽팽한 대립에서 '껴안음'으로 스스로의 시적 '몸'을 바꾸는 이런 변화는 물론 어느 한 순간에 일어난 일은 아닐 것이다. 막연한 견딤으로 스스로를 끔찍한 기억의 방에 유폐시키거나 그 상처로부터 달아나기 위해 어디로든 가려는 자아의 '도주 욕망'이 무화(無化)되어버린 자리에, "물의 험한 주름살"을 지켜보다가 마침내 물이 줄어들고 다시 "맑은 음"이 계곡을 가득 채우듯이 모든 아픔이 저절로 아물 것이라는 치유에 대한 희망이 싹트고 있는 것이다.

그동안 그는 "삽결살 굽고 모기향 피우고" 몇 개의 젖은 담배를 말려 피우며, 또 몇 잔의 맑은 소주잔을 들이킬 것이다. 이런 천연덕스러운 여유가, 부드러움이, "퉁퉁 불은" 진흙탕 속의 말뚝(「진흙탕 속의 말뚝을 위하여」, ③)의 처절한 독기와 견딤을 대신한다.

물론 "언제나 나에게 독기를 불어넣어 주는 고통이여,/나를 비켜가지 말아라//터진 둑은 다시 터진다, 홍수는 지나간다"(앞의 시)는 그의 생각에는 변화가 없지만 견딤에 대한 그의 생각과 자세에는 중요한 변화가 나타나고 있는 것이다. 물의 험한 주름살 혹은 홍수가 지나가듯이, 고통은 숙명처럼 온몸으로 맞부딪칠 수밖에 없다. 그것이 시인인 그가 지향하는 가장 정직한 태도이다. 그러나 비장함을 견딤의 여유와 숙명적인 응시, 연민이 깃든 시선으로 변주시키는 그의 최근 시편은, 질풍노도를 헤치고 온 그의 시적 자아를 우리에게 새롭게 각인시킨다.

　　여자는 털신 뒤꿈치를

살짝 들어올리고
스테인리스 대야에
파김치를 버무린다.

스테인리스 대야에 꽃소금
간이 맞게 내려앉는다.

일일이 감아서
묶이는 파김치.

척척 얹어
햅쌀밥 한 공기
배 터지게 먹이고픈 사람아.

내 마음속 歡呼는
너무 오래 갇혀 지냈다.　　　　　　—「첫눈」 전문

  이 시집의 마지막에 실린 이 작품은 그런 점에서 더욱 의미심장하다. "내 마음속 歡呼는/너무 오래 갇혀 지냈다"는 그의 고백처럼, 끔찍한 기억 혹은 아픔과 싸워온 그의 시에는 '환호'가 극단적으로 절제되어 있다. 스스로의 내면을 철저하게 감시해온 그의 시선이 '담담함'과 '건조함'으로 일관되어 왔다는 사실을 환기해보면, 이 작품은 그의 그러한 시적 경향에서 상당히 예외에 속하는 작품이다. 그러나, 「까치집」「크리스마스트리」「하얀 민들레」「하천 길」「순간」「가을 단풍나무」「넓어진 개울」「홍시」「삽」 등 이번 시집에 실린 대부분의 작품이 그의 '환호'와 '감상'에 대한 의식적인 금기(禁忌)로부터 벗어나 있다는 점에서, 그의 견고한 견딤은 어느덧 부드러운 포옹과 화합으로 바뀌고 있는 것이다.

"무논에 꽂힌 한 자루 삽/〔……〕/자신의 모습을 흙 속에/새기고 있는 줄"(「삽」) 아무도 모르듯이, 시인의 내면은 타인이 알아채지 못하는 사이에 새로운 모습으로 스스로를 흙 속에 새기는 일에 몰두한다. 이 점에서 "내 닥나무에게도 순간, 순간이 차곡차곡 채워지는 게/느껴질 때가 있는 것이다. 한참 동안 울먹거릴 운명이/내게도 찾아온 것이다"(「순간」)라는 진술은 한층 더 완숙하고 섬세해진 그의 시선과 내면의 비밀을 함축적으로 나타내는 구절이다.

"너에 대한 그리움 때문에/저 말라가는 연못의 숨이/입 맞추는 거라 생각된다"(「말라가는 연못」), "너는 온몸으로 열병을 앓았구나"(「가을 단풍나무」)라는 간절한 한 마디가 시인의 모든 간절함과 그리움을, 대신해주고 있는 것이다.